JN411586

그리움이 머문 자리

유양업 디카시집

시와사람

유양업 디카시집

그리움이 머문 자리

2023년 8월 5일 인쇄
2023년 8월 10일 발행

지은이 | 유 양 업
펴낸이 | 강 경 호
발행처 | 도서출판 시와사람
등 록 | 1994년 6월 10일 제 05-01-0155호
주 소 | 광주시 동구 양림로119번길 21-1(학동)
전 화 | (062)224-5319
E-mail | jcapoet@hanmail.net

ISBN 978-89-5665-683-0 03810

값 15,000원

· 잘못된 책은 구입하신 서점에서 바꾸어 드립니다.
· 이 책의 제작비 일부는 한국예술인복지재단 창작디딤돌 지원금으로 제작되었습니다.

공급처 ■ 한국출판협동조합
경기도 파주시 적성면 적성산단3로 10 (적성일반산업단지 내)
주문전화 (02)716-5616, 070-7119-1740

그리움이 머문 자리

첫 디카시집을 내면서

디지털 시대, 새로운 시형식인 디카시 공부를 시작했다. 사계절 자연풍광에 따라 그림을 살펴 그리듯, 한 컷의 사진을 찾아 찍을 때 눈에 들어온 자연과 삶의 특이한 상황을 국내외 여행을 다닌 중 포착했다.

디카시는 직접 찍은 한 장의 사진에 즉흥적인 감흥을 5행 이내의 내용에 감정과 의미를 새겨야 한다. 그래서 사진의 특질에 맞는 시적 형상화와 이미지 구현 등 5행 이내의 율격에 짧은 시를 담아 열심히 썼던 결과 기쁜 소식이 전해 왔다.

2022년 《문학공간》 392호에 당선된 디카시 「인생살이」, 「꽃 언덕」 두 편이 '제7회 문학공간 디카시 문학상 대상 수상작'으로 《문학공간》에 실렸다.

이 기쁜 소식으로 들뜬 마음이 지속되어 줄곧 즐기며 디카시 쓰기에 몰입했다. 디지털 시대의 새로운 문학 장르로 사진과 문장이 간결하여 흥미로웠다. 그동안 수필을 쓰고, 시를 쓰고, 형식에 따라 글자 수 세어 가며 시조를 써 와서일까,

디카시는 짧은 형식이라서 부담이 되지 않아 나에겐 적격이었다.

그러나 시가 짧다고 해서 감동이 없다면 그것 또한 생명이 없는 시가 아닐까 싶어 사진에 담긴 숨소리에 귀 기울여 찰나의 조화가 잘 어울리는지 살펴야 했다. 한 편 한 편 작품을 쓰다 보니 92편, 책 한 권 분량이 되었다. 사진도 시도 아직 아마추어 수준이나, 정성들여 노력한 작품을 그대로 둘 수 없어 첫 디카시집을 출간하였다.

필자는 은퇴하여 문학 공부를 하는 과정에서 종합문예지 《문학공간》을 통해 시인으로 수필가로 시조시인으로 등단했다.

그동안 시집 『오늘도 걷는다』, 시조화집 『오늘도 기다릴까』, 수필집 『바람 따라 구름 따라 별빛 따라』, 『행복한 여정』, 『꿈을 꾼다』를 출판한 후 이제 여섯 번째 작품집인 디카시집을 출판하여 감회가 새롭다.

문학의 길을 밝혀 지도해 주시고, 디카시집을 내도록 지도해 주신 한실문예창작 지도교수 박덕은 박사님께 특별히 감사를 드리며, 한국문화해외교류협회 상임대표 김우영 박사님께서도 쾌히 해설해 주셔서 깊은 감사드린다. 동행한 한실 문우님들과 출판을 맡아 주신 《시와사람》 출판사에도 감사드린다. 특별히 한국예술인복지재단에서 문학 활동을 위해 지원해 줌으로써 디카시집을 출판할 수 있어 마음 깊이 고마운 말씀을 올린다.

더불어 물심양면으로 후원과 격려해 주신 가족 친지 자녀 손들에게도 뜨거운 마음을 전하며, 여러 면에서 활동할 수 있도록 곁에서 관심을 갖고 지켜봐 주었던 남편, 책들이 나오면 제일 기뻐했고, 첫 디카시집이 속히 나오길 기대했던, 천국에 안식한 남편 문전섭 박사님께 이 디카시집을 바친다.

여기까지 인도해주신 에벤에셀 하나님께 감사와 영광을 돌린다.

2023년 7월, 신록이 우거진 사직공원 자락에서

저자 야나 유양업

유양업

박덕은

신神의 언어 받드는
거대한 대양에서
거북이처럼 살다가
부름 받아
육지에 오른 봄

하늘의 말씀 물고
지상으로 강림한
새소리 모아
찬양을 꽃피우고
바람결 엮어
믿음의 바구니 짰다

다져진 향기로
동반자와 수평선 너머

요지로 다니며
빛의 전파 펼쳤다

시간의 행간마다 들어찬
동역의 감동
그 전율이 쌓여
영생의 주춧돌 다지고

돌아와
사색의 옹기에
차곡차곡 담아논
향긋한 계절
그 시심 꺼내어

불꽃 같은 열정
굽이굽이
문학의 산모롱이에
심어 나갔다

어느새 피어오른

무지갯빛 순수와
절정으로 치닫는
느낌표들
조화롭게 수놓더니
알록달록 열매 맺어
전시되었다

보는 이마다
읽는 이마다
마음의 실핏줄까지 물드는
함박웃음 선물 받고
깨달음의 오솔길로
즐거이 돌아갔다

이제는
산자락의 기운 받아
조용히 묵상 기도하며
여생의 여백
소롯이 화폭에 담아내고 있다.

그리움이 머문 자리/ 차례

첫 디카시집을 내면서 · 4

축시/ 박덕은 · 7

제1부

16 사랑의 하모니
17 세월은 흘러도
18 순례의 시간
19 기도
20 환상의 강변
21 사랑의 인연
22 기다림
23 한여름 꿈 안고
24 호신술
25 숲속 행진
26 어느 날
27 시간은 흐르는데
28 수중다리의 꿈
29 설경
30 마음의 향수

나의 세월 31
호소 32
환희 33
이륙 34
휴식 35
가을 무대 36
하늘 별 37
그리움 머문 자리 38

제2부

사랑의 깃 40
무덤 41
영원한 동행 42
소망 43
여행 44
봄 마중 45
텃밭 46
향수 47
희망 48
호숫가에서 49

50　소풍
51　빙하
52　빙하 대화
53　한낮에
54　경주
55　절경
56　풍악 울려라
57　휴식
58　베어 그래스
59　몽돌
60　의좋은 자매
61　해안가
62　문학기행 중
63　소망
64　나들이

제3부

66　둘레길
67　산책길
68　파란 한낮에

인생살이 69
선택 70
소통의 길 71
물길 72
염원 73
두 천사의 대화 74
첫사랑처럼 75
순리 76
어울림 77
응원 78
외로움 79
나의 인생 80
꽃언덕 81
희열 82
인생 83
봄의 숨결 84
환희 85
작업 단상 86
그리움 87
침묵 88
한가족 89
기다림 90

제4부

92 방랑길
93 황혼
94 새해 아침
95 희망
96 비밀한 얘기
97 매무새
98 신비
99 기다림
100 개울가 오케스트라
101 삶
102 그네
103 석양
104 곰에서
105 하얀 꿈
106 새벽 깨운 여성들
107 따스한 인품
108 스승의 생일

평설/ 박덕은 · 109
축하글/ 김우영 · 134

제1부

새파란 수평선 우뚝 선 길
긴 긴 세월 물살져 온 그리움
계절의 여울목마다 희열 넘실 넘실.

사랑의 하모니

따스한 미소들
눈부신 날 불러내어
하늘의 노래가 은물결 화음 맞추자
기도는 불꽃으로 아우른다.

세월은 흘러도

그리운 가슴들 큰 꿈 하늘거리고
천상의 선율이 금빛 파도 일렁이자
순백의 기도 소리 알싸하게 익어 간다.

순례의 시간

빈 하늘 채워 가는 평온
저 아득한 빙하의 공간
맑은 호수의 잔잔한 물결에
몸 담아 아우르는 눈빛.

기도

파란 하늘 너른 땅
욕망의 바벨이 치솟는 길목
겸손과 온유 가슴에 안고
형형색색 저 고운 빛깔 담아
아름다운 꽃으로 살아가게 하소서.

환상의 강변

수줍은 듯 붉은 미소 쌓인 추억
보고픔 젖어들어 흔들 흔들
아픈 물길 그리움 안고 일렁 일렁.

사랑의 인연

앳된 모습 자라나 새로움 움트는 시야
목소리만 들어도 힘 솟고
말하지 않아도 그 마음 알아
끊을래야 끊을 수 없어라.

기다림

저 하늘 본다
눈길이 꽃향기에 취한다
봄은 말없는데
가신 님은 언제 오시려나.

한여름 꿈 안고

해맑은 예술 경이로운 절경
미국 몬타나주 북쪽 국립공원
빙하 흔적 주름 눈물로 일군 강
수놓은 호수 불가사이한 풍광
눈빛 고운 그 감성 파닥거린다.

호신술

무슨 운동 하니?
어려서 태권도 배워 놔야 해요
거리 두고 두 주먹 불끈 쥐고 기압 울려 날아간다
정갈한 리듬 공중에서 방긋 방긋.

숲속 행진

미로 같은 산자락 돌마차 타고
솔길 숨결 고르며
깃털 맑은 옷깃 여미며 님 그리다
묵묵히 오늘의 삶 거닌다.

어느 날

서로 손잡아 주고 영혼 깊이 깨우며
사랑 베풀며 사는 목회자 한 가정에
은혜의 바람이 시공 건너
연둣빛 희소식 전해 준다.

시간은 흐르는데

하늘 종소리 암벽 울려 속삭이며
꽃피운 열정 구름 간질이고
하얀 눈시울로 햇살 한 줌 잡아
오가는 길손 설렘 준다.

수중다리의 꿈

새파란 수평선 우뚝 선 길
긴 긴 세월 물살져 온 그리움
계절의 여울목마다 희열 넘실 넘실.

설경

눈꽃송이 낭만 풀어 휘날리며
산모롱이 햇살 풀어 설렘 안고
침묵의 독백 환한 빛 밝혀
텅 빈 가슴 눈부신 환희로 감싸준다.

마음의 향수

정갈한 그리움 풀어놓고
환상의 여운 훈훈했던 여정
꽃구름 햇살 따라 저 멀리
고요의 나라로 떠나 버렸다.

나의 세월

우람한 바위 넉넉한 가슴 열고
흐르는 파란 숨결 소리 허리에 감아
하늘 끝 마주보며 섬광처럼 빛난다.

호소

허기진 배 지친 발걸음
넋 잃고 여기 서 있어요
제발 도토리 좀.

환희

향수 숨쉬는 곳
햇살 한 방울 영혼 한 방울
기도처럼 하늘 향한다.

이륙

하늬바람 곱게 타는 수상비행기
푸른 물살에 그리움 띄우며
설렘 휘감고 오른다.

휴식

톡톡 튀는 그리움
환상의 물결 타고
지친 심신 다독이며
옥빛으로 일렁 일렁.

가을 무대

초록 미소 붉은 몸짓
하늘 강 산 솜씨 펼쳐
조화 이룬 예술의 극치
무도회 한마당.

하늘 별

흐르며 반짝이는 저 미소들
실루엣 그리움으로 메아리 칠 때
나래 펴 살포시 상흔 감싸 준다.

그리움 머문 자리

따각 따각 걷는 소리
반기려 문 가까이 가나
그 흔적 찾을 수 없다
멈춰 버린 이 텅 빈 가슴
아린 눈물만 가득하다.

제2부

외로움의 무게
저 아픔들 어이하나
그만 가슴 태우고
이제 일어나 하늘 향해 날자.

사랑의 깃

따스하고 티없는 인품
세레나데 부르며
강물 따라 유유히 흘러가고
한쪽 날개 끊어졌으나
더 많은 날개 달아
하염없이 지켜주고 있다.

무덤

선친들이 함께한 양지바른 선산에
세계 향한 복음전파 사명 다하고
순백의 육신 저리 곱게 잠긴다
내 맘도 함께.

영원한 동행

하얀 미소 맑은 눈빛
복음의 빛 밝힌 긴 여정
자녀들에게 이어 주고
잠자듯 하늘 품으로 가신 님
이제 별빛으로 내 가까이 있다.

소망

오순도순
해맑은 미소 속삭인다
선연한 가을향 흔들며
파랗게 물든 저 하늘
구름 위 날아 볼까.

여행

낭떠러지 저 멀리 에메랄드빛 수면 위에
빙하의 산자락 휘감아 수놓으며
노을 찾아 달려간 저 하얀 물보라.

봄 마중

설렘 싸인 눈빛
그리운 곡선 그리고
연둣빛 사랑
푸른 숲이 안아 준다.

텃밭

눈부신 가을볕 아래
풀향으로 물든 고구마순 똑똑
결 고운 사랑
저 구름도 설렘으로 받아든다.

향수

해맑은 미소 서로 눈맞춰
가을 햇살 끌어안고
긴 허리 하늘 맞잡아
낭만 따라 나는 저 꽃향기.

희망

언덕 위 줄지어 선
삶의 전율
날개 쉼 없이 돌려
밝은 꿈 펼쳐낸다.

호숫가에서

외로움의 무게
저 아픔들 어이하나
그만 가슴 태우고
이제 일어나 하늘 향해 날자.

소풍

철따라 너른 가슴 설렘 안겨 주며
향긋한 열매 맺혀 탐스레 길러 주고
달콤한 사랑 채워 준다.

빙하

신비한 얼음 속 다져진 하얀 꽃산
타는 가슴 회색 옷 갈아입고
하염없는 눈물 흘린다.

빙하 대화

하얀 구름 꽃봉오리 머리에 이고
무얼 속삭일까
친구야, 만년설이 그립지?
응, 얼음 옷 벗으니 너무 뜨거워.

한낮에

따스한 햇살 은물결 따라 일렁이고
눈망울들 낭만 찾아다니는 사이
어서 와 봐,
여기 파란 설렘이 있어!

경주

넉넉한 가슴 열고
다소곳이 고개 내밀어
수양버들 향해
순수들이 질서 지켜 달린다.

절경

낭떠러지 바위 타고 삼킬 듯 떨어진
우렁찬 물소리
물안개 휘돌아 오색으로 아우른다.

풍악 울려라

아릿함 흘러나온 갈증의 언저리에
향연의 줄로 그리움 쏟아내고
오가는 길손이랑 훈훈한 정 나눈다.

휴식

은물결 그림 그려 그리움 풀어놓고
청오리 설렘 타고 노닐 때
꽃바람 싱그럽게 휘돈다.

베어 그래스

높은 산자락에
하얀 가슴 고웁게 긴 목 내밀고
은빛 향기 흩뿌려 길손 맞는다.

몽돌

파도에 얼마나 씻겼으면
저리 둥글게 깎였을까
연분홍 푸른 옥 정겨웁게
서로 껴안고 노을 반긴다.

의좋은 자매

욕심 멀어진 거리
다정히 옆자리에 다가와
밝게 웃으며 감싸는 날개
신화 캐내는 하늘애.

해안가

큰 돌 굽이져 이어진
오가는 길손 반기는 행복
감성 휘감아 바라보는 눈빛
수많은 사연들 빚어낸다.

문학기행 중

기다림의 구름 산맥에서
지쳐 있다
참새처럼 앉아 즐기는 간식 시간.

소망

어디서나 끈질기게
그리움이 살아 있다
스쳐지난 한순간도
스스로의 삶이 빛나고 있다.

나들이

사랑으로 하나된 우리
햇살같이 가벼운 맘으로
지친 날개 펴며 조용히.

제3부

눈부시게 현 켜는 나뭇가지
꽃향기에 젖은 잔잔한 호숫가
물방울 그리는 소낙비 되어 걸어 봤으면.

둘레길

해맑은 푸른 바다
해안 절경 감싸 돌고
천혜의 풍광 환희로 호흡하니
허기진 심연에 뽀얀 꿈길 보인다.

산책길

눈부시게 현 켜는 나뭇가지
꽃향기에 젖은 잔잔한 호숫가
물방울 그리는 소낙비 되어 걸어 봤으면.

파란 한낮에

오가는 길손 맞으며
타오른 순수 열정
물살져 온 그리움 안고
우뚝 서 있다.

인생살이

선창가 메아리 새벽 정적 깨뜨리면
갯내음이 설렌 맘 가득 싣고 떠나고
핑크빛 속삭임은 오순도순 빛난다.

선택

나는 너가 좋아
콕 찍었어
움트는 여운
연푸른 빛살에
시린 가슴 데우려고.

소통의 길

잔물결 은반 위에 초가 마을
꽃 피우고 향수 끌어안은 들
풀길로 다리 놓고 수놓아
설렘 방울 딸랑딸랑 울린다.

물길

푸른 꿈 온몸 내밀어
달무리 생명수 낭만 풀어
들꽃 향기 맡으며 산마루 돌아간다.

염원

저 철조망 사라지면
남북 통일 되어
봄날처럼 평화롭고
향긋할 거야.

두 천사의 대화

저기 좀 봐, 뭐가 있어
언니, 뭐가 있어?
빛 밝은 꿈.

첫사랑처럼

맑고 푸른 수평선 위
넘실대는 하얀 설렘
아련히 휘감아
한아름 껴안고 싶다.

순리

산그림자 짙어 갈 때도
굽이져 마른 땅 적셔 주며
청류清流 안고
유유히 흐르는 저 영산강.

어울림

비움의 언덕에
그윽한 보랏빛 향과
그리움 포개어
평화로이 너울거리는 저 미소.

응원

물길 속 아픈 상처
꽃길로 감싸 안아 주고
사랑 향기 흔들어 주고 있다.

외로움

인적도 드문 곳에
겹겹 절여진 가슴
시리도록 기다리는데
떠난 님은
언제 다시 돌아오려나.

나의 인생

그 어떤 거센 폭풍 몰아쳐도
좌절하지 않고
드넓은 바다 높은 하늘처럼
포용하며 꿈속 사랑 그린다.

꽃언덕

인적도 아득한 산자락에
그리움에 싸인 가슴
봄바람 장단에 맞춰
나래 편 환희의 함성.

희열

눈부신 봄날
뜨거운 열정이
석양이랑 손잡고
무도회舞蹈會 연다.

인생

가파른 언덕
보릿고개 허기짐 꾹꾹 누르며
한 계단 한 계단
푸르른 숨결로 터전 일군다.

봄의 숨결

고요 흔드는 바다
우뚝 선 두 섬 향해
노란 미소들
싱글벙글
꿈의 향기 보낸다.

환희

하늘 구름 떠받는 꽃봉오리
환한 미소 지어
사무친 그리움 뿜어낸다.

작업 단상

나란히 줄지어 앉아
날줄 씨줄 손길 바쁘다
저 산더미 같은 실 정성껏 엮어
지붕에 노란 옷 둘둘 입힌다.

그리움

하늘과 땅 사이 펼쳐진 가슴
환한 빛 얼싸 안고 출렁출렁.

침묵

잔잔히 흐르는 의지
선연한 인연을 여백에 올려
긴긴 시간 노래하며 상흔 씻어 준다.

한가족

햇살 맴도는 담장 밑
깔깔거리는 난쟁이들
옹기종기 모여 수다떨고 있다.

기다림

지금은 어지럽지만
잠시만 견뎌 봐요
이 아픔 메우고 나면
하얀 면사포 쓸 날
올 거에요.

제4부

길가의 저장고 덮고 누르며
암팡지게 앉아 있다
저 속에 그리움도 담겨 있겠지.

방랑길

이른 아침 키 쓰고 젖은 옷 입고
골목에 서성이다 핀잔 맞는다
어디로 가서 소금 얻어 오지?

황혼

먼산 바라보며
햇살 한 줌 가슴에 안고
하얀 독백 눈 비비며 바람과 속삭이다
물결 위에서 키재기 한다.

새해 아침

그리움의 동녘 하늘
초롱초롱 해풍 안고
환희의 숨결로 둥실 둥실.

희망

햇살 아래 모여든 한가족
무슨 궁리 저리 골똘할까
생육하고 번성하여
우리 조국 지켜내자.

비밀한 얘기

길가의 저장고 덮고 누르며
암팡지게 앉아 있다
저 속에 그리움도 담겨 있겠지.

매무새

북풍한설 몰아쳐도
눈부시게 절개 빛나
설렘 안겨 준 자연 학습장.

신비

우듬지에 나타나
환희 타고 하늘길 오르는
꽃등불 그리움.

기다림

우리 엄마
언제나 오시려나
날마다 서성여도
여태 소식 없네.

개울가 오케스트라

누가 작곡 했을까
제자리에 앉아
절로 나온 목소리로
화음 맞춰 합창한다.

삶

희망의 지렛대로
양심의 허리
버티고 섰다.

그네

담 넘는 붉은 낭만
설렘의 촉수로
사랑 안고 흔들 흔들.

석양

자족의 웃음 속
씨 한 톨의 비밀
그 먼 여정에서
희망이 솟아오른다.

괌에서

에메랄드빛 바닷가
밀려온 해풍향 만끽하며
싱그런 야자수 산책로 거닐다
로맨틱한 휴식 취한다.

하얀 꿈

환희의 설렘 가득 안고
온유함 건져 올려 사랑향 전파하며
지성의 빛에 젖어 일렁이다
소중한 아가페 사랑 하늘에 쌓는다.

새벽 깨운 여성들

밝아 오는 여명빛
초록 물든 자연 머리에 이고
열린 맘 빛살 풀어 싱그런 추억
휘모는 꿈 향기 품어 안는다.

따스한 인품

세월 흘러가도 그리운 작품
넉넉함은 온몸 감싸고
고객들과 정감 있는
사랑의 미소 나누는
순수 꽃향기.

스승의 생일

탐스런 문우들 한마음 꿈꽃 피워
스승의 너른 교훈 가슴에 새기며
맑은 눈빛으로 훈훈한 희열 안고
사랑탑 쌓으며 알싸한 향연 베푼다.

평설

유양업 디카시집 출간을 축하하며

박 덕 은 (문학박사, 문학평론가)

유양업 시인은 전남 고흥군 도양면 관리에서 5남 2녀 중 차녀로 태어났다.

기독음대를 졸업한 뒤, 캘리포니아 유니온 유니버시티에서 음악 석사(성악) 학위를 받았다. 대한예수교장로회 총회 파송 선교사로 러시아에서 4년, 싱가포르에서 11년을 보냈다.

모스크바 장신대 교수(음악)와 인도네시아 바탐 신학교 교수(음악)를 역임했다.

월간지 《문학공간》에서 시, 수필, 시조 부문 신인문학상을 수상하여 문단에 데뷔했다. 이후, 향촌문학 전국여성 문학작품 시조 부문 대상, 국제 지구사랑 작품 공모전 시조 부문 대상, 향촌문학 수필 부문 대상, 시와창작문학 수필 부문 대상, 문학세계 문학상 수필 부문 대상, 제헌절·광복절 삼행시 문학상 대상, 대한민국 예술문화 세계대상, 대한민국 경제문화 공

헌 대상, 향촌문학 시조 부문 대상, L.A. 한국의 날 미술축제 문학신문 시 부문 우수상, 한국문화해외교류협회 수필집 『행복한 여정』 2021 으뜸 작가상, 대한민국 문학대상 시조 부문 대상 등을 수상했다.

미술대전에 그림을 출품하여, 대한민국남농미술대전 한국화 특선, 전국섬진강대전 한국화 특선, 전국춘향미술대전 한국화 특선, 전국순천미술대전 한국화 특선, 대한민국힐링미술대전 한국화 특선, 안중근의사 하얼빈의거 제111주년기념 국회 유명작가 초청전 서울시의회 의장상, 광주광역시 미술대전 특선, 대한민국 한국화 특장전 특선, 5.18 전국 휘회대회 서예 한글 부문 입선, 한국미술협회 광주 특장전 서예 한글 부문 입선 등을 수상했다.

현재, 한실문예창작 회원, 탐스런 문학회 회장, 광주문인협회 회원, 한국문인협회 회원, 한국문화해외교류협회 공동 대표, 세계문화예술연합회 수석 부회장, 자살방지한국협회 광주 본부장, 한국문화 예술연대 이사 등으로 활동하고 있다.

작품집으로는 시집 『오늘도 걷는다』, 시조화집 『지금도 기다릴까』, 제1수필집 『바람 따라 구름 따라 별빛 따라』, 제2수필집 『행복한 여정』, 제3수필집 『꿈을 꾼다』를 출간했다.

자, 마음이 아름답고 삶이 성실한 유양업 시인의 디카시 세계는 어떠할까. 지금부터 그 신비의 세계로 들어가 보자.

수줍은 듯 붉은 미소 쌓인 추억
보고픔 젖어들어 흔들 흔들
아픈 물길 그리움 안고 일렁 일렁.

-「환상의 강변」 전문

시적 화자는 강변에서의 심경을 그려내고 있다. 강물이 일렁이고 있다. 시적 화자의 청춘과 아픔과 밤이 잔잔한 떨림으로 강물에 쌓인 것일까. 물에 비친 초록의 발목에 물결 자국이 가득하다. 저 초록은 뜨거운 청춘처럼, 뜨겁게 달린 열정처럼, 앞만 보고 질주한 한 시절처럼 열심히 살아온 시적 화자의 뒤안길일 것이다. 그 초록이 가을이 되면서 갈색으로 물들어간다. 조금은 더 성장하고 성숙하며 내일로 나아가고 있는 것이다. 그렇게 걸어온 길을 시적 화자는 "수줍은 듯 붉은 미소 쌓인 추억"이라고 말하고 있다. 그 당시에는 몸부림치며 아팠을지라도 그 아픔이 삭여지고 가라앉으며 잠잠해지면 어느덧 한 점의 추억이 된다. 굽이굽이 인생길을 뒤돌아보며 보고픔에 젖어드는 시적 화자의 편안한 마음길이 보이는 듯해 보기 좋다. 사진 속 강변의 정자에는 한가로움과 낭만이 깔려 있고, 강 건너에는 붉은 단풍이 흐드러지게 수놓아져 있다. 마치 붉은 미소 쌓인 추억이 수줍은 듯 서 있는 것 같다. 그때 보고픔이 밀려와 젖어들더니 잔물결 따라 흔들거린다. 그 순간 가슴속으로 아픈 물길이 생기더니, 그리움 안고 일렁인다. 그리움만큼 깊고 아픈 물길이 또 있을까. 어찌 보면 우리는 그 그리움 때문에 아파하기도 하지만 살아갈 힘을 얻기도 한다. 가을 강가와 정자와 낭만과 여백과 시심이 한데 어우러져, 아름다운 디카시를 형상화해 놓고 있다.

미로 같은 산자락 돌마차 타고

솔길 숨결 고르며
깃털 맑은 옷깃 여미며 님 그리다
묵묵히 오늘의 삶 거닌다.

-「숲속 행진」 전문

시적 화자는 산행하다 미로 같은 산자락에서 돌마차를 만난다. 저 돌마차는 땅에 뿌리를 내리고 있어 천년을 넘게 돌마차를 끌어도 늘 제자리다. 그럼에도 늘 길을 떠나고 싶어 한다. 어떤 길을 떠나고 싶은 걸까. 시적 화자는 "솔길 숨결 고르며/ 깃털 맑은 옷깃 여미며 님 그리"는 그런 길을 떠나고 싶다고 한다. 참으로 낭만적이며 마음 한켠이 아리다. 돌마차에는 한줌의 기도와 한 움큼의 아픔이 있었을 것이다. 아픔으로 인해 마음의 중심이 기우뚱거리며 흔들릴 때 무릎을 꿇고 기도했을 것이다. 그러다 다시 그리움의 힘으로 일어서며 돌마차에 누군가를 태우고 싶어 했을 것이다. 오늘도 시적 화자는 그 돌마차 앞에서 님을 그리워하다가 묵묵히 오늘의 삶을 살아간다. 가슴이 아프지만 마음이 따스해지는 동화책 한 권을 읽고 있는 듯한 느낌이 든다. '돌마차'라는 시어를 통해 상상의 날개를 무한히 펼칠 수 있고 여러 감정에 이입할 수 있어 매력적이다. 시적 화자는 가슴 절절이 그리운 누군가를 돌마차에 태우고 산길을 함께 내려가고 싶었을 것이다. 하지만, 곁에 없는 님, 마음이 갑자기 무거워진다. 숙연해진 가슴으로 묵묵히 오늘의 삶을 거니는 시적 화자가 쓸쓸해 보인다. 돌마차라도 보내 님을 모셔 와야 할까 보다.

새파란 수평선 우뚝 선 길
긴 긴 세월 물살져 온 그리움
계절의 여울목마다 희열 넘실 넘실.
-「수중다리의 꿈」 전문

이 디카시에서의 시적 화자는 바닷가에서 수중다리를 만난다. 너와 나를 잇고 아침과 저녁을 잇고 계절과 계절을 잇는 다리가 없다면, 우리는 성장도 성숙도 없이 살아야 한다. 다리 아래 물살이 거셀수록 어둠이 짙을수록 다리를 건너야 한다. 위태로운 다리의 경계와 경계를 밟으며 건너가더라도 다리를 건너야 한다. 간혹 저 다리를 건너다 발을 헛디디는 아찔함이 있을지라도 건너편의 바깥을 향해 끊임없이 꿈꿔야 한다. 그런 꿈을 시적 화자는 '계절의 여울목마다 희열 넘실 넘실'이라고 말하고 있다. 여울목의 사전적 의미는 여울이 턱져 물살이 세차게 흐르는 곳을 말한다. 물살이 거친 인생의 어느 한

때를 건너야 할 때 망설였을 것이다. 건너야 할까, 건너지 말고 그냥 돌아설까를 두고 수많은 밤을 고민했을 것이다. 아파하는 밤이 길수록 꿈은 솟구치기에, 그 꿈을 향해 다리를 놓고 건넜을 것이다. 건너면서도 물살은 열정의 발목을 낚아채고 넘어뜨리고 쓰러지게 했을 것이다. 아찔한 나날을 걸어 걸어 그 다리를 건넜을 것이다. '계절의 여울목'이라는 표현이 멋지다. 새파란 바다 위에 수중다리가 우뚝 서 있다. 수평선 쪽으로 다가가려는 듯, 초조히 서 있다. 수중다리 아래로 긴긴 세월 물살져 온 그리움이 밀려온다. 계절의 여울목마다 넘실거리던 저 희열. 꿈을 향해 한 걸음 한 걸음 나아간 시적 화자에게 박수를 보낸다.

우람한 바위 넉넉한 가슴 열고
흐르는 파란 숨결 소리 허리에 감아
하늘 끝 마주보며 섬광처럼 빛난다.

-「나의 세월」 전문

시적 화자는 물살이 거세게 흘러가는 어느 계곡에 서서 사색에 잠긴다. 우람한 바위는 큰물이 떠내려 가도, 낮과 밤이 피었다 져도, 여름과 겨울이 엎치락뒤치락 내달려도, 늘 자신의 자리를 지켰을 것이다. 태풍이 몰아치는 그날도 살갗이 찢기는 아픔을 견디며 삶이라는 계곡을 지켰을 것이다. 큰바위 얼굴처럼 듬직하다. 시적 화자의 단단한 삶이 멋지다. 실제 유양업 시인의 삶이 그러하다. 많은 문우들이 유양업 시인을 존경하는 까닭이기도 하다. 가뭄이 들면 바위도 목마름에 허덕였을 텐데 묵묵히 견디며 계곡을 지킨다. 홍수가 져서 목까지 물이 차올라 숨이 막힐 때도 그저 담담히 버티었을 것이다. 모스크바에서 인도네시아에서 선교사로 활동하면서 얼마나 많은 어려움들을 감당했을까. 그저 우람한 바위처럼 자신의 위치에서 묵묵히 하루하루를 기도하며 나아갔을 것이다. 사진 속 우람한 바위는 계곡 양옆에 떡 버티고 있다. 바위가 넉넉한 가슴을 열자, 흐르는 파란 숨결 소리가 힘차다. 그 소리를 허리에 휘감은 채 하늘 끝 마주보니, 섬광처럼 빛나는 나의 세월이 보인다. 성실하게 꾸려온 삶을 여행 중에 만나게 된 계곡에서 다시 돌아보게 한다. 먼 훗날 우리도 자신의 삶이 소중하고 가치 있는 삶이 될 수 있도록 저 우람한 바위처럼 살아야 한다.

향수 숨쉬는 곳
햇살 한 방울 영혼 한 방울
기도처럼 하늘 향한다.

-「환희」 전문

시적 화자는 분홍 장미를 바라보며 탄성을 자아내고 있다. 장미꽃의 색깔이 분홍이다. 이 시에서 분홍은 은은하면서도 망설임이 없는 빛깔로 그려지고 있다. 붉은색이 질주와 적극의 색으로 표현된다면, 여기서 분홍은 은은히 타오르는 인내와 용기로 다가온다. 그런 느낌을 시적 화자는 "햇살 한 방울 영혼 한 방울/ 기도처럼 하늘 향한다"고 말하고 있다. 한 생을 기도로 살아간 시적 화자의 모습이 그려져 경건해진다. 기도와 기도가 맞물려 내일을 낳고 계절을 낳고 만남을 낳은 삶이 저 분홍의 장미처럼 아름답다. 그 기도가 있기에 시적 화자가 있는 곳은 어디든지 향기로웠을 것이다. 생의 뒤안길에서 문득 돌아보니 환희로 가득찬 시절이었던 것이다. 하늘 향해 나아가고자 한 걸음 한 걸음 내디딘 발자국들이 저 분홍장미처럼 향그럽다. 이 시에서 장미는 그리움이 숨쉬는 곳이다. 장미는 햇살 한 방울 영혼 한 방울 기도처럼 하늘을 향하고 있다. 참 아름다운 시구절이다. 시심의 복판에 미적 가치의 그릇과 눈길이 함께하는 걸 느낀다. 인간의 언어 중 가장 아름다운 정서를 다루는 운문, 그 중에서도 디카시는 사진 속으로 들어가 아름다운 정서를 건져 올리는 장르이다. 햇살 한 방울 영혼 한 방울까지도 마치 기도하듯 하늘을 향하고 있다니, 얼마나 순화된 정서인가. 떠오르는 이미지가 마음을 행복하게 해주고 있다.

오순도순
해맑은 미소 속삭인다
선연한 가을향 흔들며
파랗게 물든 저 하늘
구름 위 날아 볼까.

- 「소망」 전문

시적 화자는 코스모스를 의인화하여 인격체로 예우하고 있다. 코스모스의 꽃대는 가늘어 바람만 불어도 흔들린다. 마음의 실핏줄까지 환히 보일 정도로 여린 코스모스는 바람이 불 때마다 어떻게 마음 중심을 단단하게 붙들어 맸을까. 꺾어질 듯 휘청거려도 끝내 다시 중심을 잡는 코스모스는 가을 하늘에 마음을 두고 있었던 건 아닐까. 신이 살고 있다는 저 하늘에 마음을 두고 있기에 지상의 첫 얼굴처럼 오순도순 해맑은 미소 속삭이며 살아가고 있었던 건 아닐까. 사진 속 코스모스 꽃은 모두 활짝 피어 있지 않다. 두려움을 건너뛰고 설렘으로 뭉쳐 있는 듯한 꽃망울이 여기저기서 꽃잎을 열고 있다. 순수하고 황홀한 정오의 소망이 열릴 것만 같다. 가느다란 코스모스가 흔들린다는 것은 흔들리며 또 흔들리며 자신의 중심을 잡는다는 뜻일 게다. 파랗게 물든 하늘 위를 날고 싶다는 뜻일 게다. 흔들리지 않았다면 몰랐을 자신의 소망을 찾았다는 뜻일 게다. 사진 속 코스모스는 오순도순 속삭이며 해맑은 미소까지 띄우며 뭐라고 말하고 있다. 그러다 선연한 가을향 흔들며 소리친다. 파랗게 물든 하늘 구름 위로 날아 볼까. 흔들리는 코스모스 사진과 시의 특질이 스며들어 독자의 가슴을 소망으로 젖어들게 한다.

녁녁한 가슴 열고
다소곳이 고개 내밀어
수양버들 향해
순수들이 질서 지켜 달린다.

-「경주」 전문

시적 화자는 수양버들이 늘어져 있는 호숫가에서 헤엄치는 물오리들을 바라보고 있다. 이 시에서의 경주는 누가 더 빨리 달리냐를 겨루기 위한 달리기가 아니다. 시적 화자는 어떤 의미의 경주를 말하고 싶은 것일까. 1등과 꼴등의 순위를 정하기 위한 경주가 아닌 행복이라는 어느 한곳을 향해 한마음으로 나아가자는 뜻일까. 시적 화자는 "순수들이 질서 지켜 달린다"고 에둘러 말하고 있다. 사진 속의 물오리들은 한 방향으로 나아가기 위해 앞서가는 물오리의 뒤를 따르며 달린다. 저렇게 달리는 모습 속에는 경쟁이 아닌 조화로움이 깃들어 있다. 시적 화자는 상대를 이기기 위한 경주가 아닌 다함께 행복할 수 있는 그 목표를 향해 모두가 힘을 합쳐 달리자고 얘기하고 있는 것 같다. 사진 속 물오리들이 달린다. 수양버들 쪽으로 달린다. 넉넉한 가슴 열고 다소곳이 고개 내밀어 헤엄치며 달린다. 그것도 질서까지 지켜 달리는 모습이 참 귀엽다. 사진도 시심도 순수하고 정갈하고 어여쁘다. 물오리 여섯 마리가 어린이처럼 순수해 보인다. 마치 갓 입학한 초등학생이 선생님을 향해 달려가는 모습 같아 미소가 지어진다. 디카시를 통해 점점 변색되어 가는 순수를 다시 회복할 수 있다면, 얼마나 좋을까.

낭떠러지 바위 타고 삼킬 듯 떨어진
우렁찬 물소리
물안개 휘돌아 오색으로 아우른다.

-「절경」 전문

이 작품에서 시적 화자는 높은 곳에서 떨어지는 폭포수를 바라보며 감탄하고 있다. 수평의 걸음을 수직의 뛰어내림으로 전환시키는 힘이 물의 어디에 있었던 걸까. 물의 심장 그 어디에 용기 있어서 두려움 없이 망설임 없이 뒤도 돌아보지 않고 뛰어내린 걸까. 물은 자신의 삶을 뛰어내림으로 변주시키며, 마침내 "물안개 휘돌아 오색으로 아우"르고 있다. 뛰어내리는 그 우렁찬 소리에 용기라는 답이 숨어 있는 것일까. 우리도 저렇게 우렁차게 소리를 지르면 두려움을 이겨낼 수 있을까. 우렁찬 물소리에 압도당한 사람들이 폭포를 떠나지 못하고 있다. 절망이라는 두려움을 가난이라는 서러움을 뒤로하고 폭포수처럼 당당하고 용감하게 앞으로 나아가고 싶은 사람들이 감동하고 있다. 낭떠러지 바위 타고 삼킬 듯 떨어지는 저 우렁찬 물소리가 여기까지 들리는 듯하다. 물안개는 휘돌아 피어오르더니, 오색으로 아우러져 절경을 실감케 한다. 자연의 신비를 실감하게 하는 장면이다. 지루하고 밋밋한 삶 속에서 저런 자연의 신비를 만나게 되면, 정신이 번쩍 나는 듯하여, 새삼 마음을 바짝 추스르게 된다. 느슨해진 인생, 허무에 빠진 인생을 다시 일으켜 세우는 길은 이처럼 자연의 신비에 자꾸 젖어드는 것이다.

큰 돌 굽이져 이어진
오가는 길손 반기는 행복
감성 휘감아 바라보는 눈빛
수많은 사연들 빚어낸다.
-「해안가」 전문

시적 화자는 바위들이 절묘하게 배치되어 있는 해안가를 바라보고 서 있다. 해안가에 뿌리 내린 저 큰 돌은 시간의 지층이 만들어낸 발자국이다. 몸을 웅크려 울퉁불퉁한 저 발자국에 귀를 대면 바다가 들려주는 전설이 들릴 것만 같다. 파도가 전해주는 야사野史와 갈매기들이 물어 나르는 바다의 신화에 귀가 젖을 것 같다. 문득 바위에 등을 기대고 누우면 바위와 바다와 갈매기와 하나가 될 것 같다. 파도 소리에 졸음이 내려앉아 눈을 감으면 바위는 자신이 들은 이야기를 콕콕 찍어 자장자장 들려줄 것이다. 그렇게 바위와 바다와 갈매기와 사람은 수많은 사연들을 빚어내며 석양을 바라볼 것이다. 어쩌면 최초의 신전은 큰 돌이었을지도 모른다. 바다와 하늘을 경외하며 자신을 뒤돌아보게 하는 저곳이 겸손의 출발지였는지도 모른다. 사람들의 그런 마음을 알기에 해안가는 오가는 길손을 반겼을 것이다. 큰 돌이 오가는 길손을 반기며 행복해한다. 그 바위들을 감성 휘감아 바라보는 시적 화자의 눈빛이 싱그럽다. 수많은 사연들을 빚어내는 바위들, 그 바위들 앞에서 수많은 사연을 떠올리는 사람들의 모습이 한데 어우러져, 잠시 숙연한 풍경을 자아내고 있다.

어디서나 끈질기게
그리움이 살아 있다
스쳐지난 한순간도
스스로의 삶이 빛나고 있다.

-「소망」 전문

시적 화자는 베란다에 놓인 옹기들과 항아리들의 꽃 피움을 관찰하고 있다. 활짝 핀 꽃들의 개화를 소망으로 재해석하고 있다. 저 꽃들은 한때 어둠 짙은 망설임 속에서 초조하게 기다렸을 것이다. 긴긴 잠 속에서도 꽃꿈을 꾸며 아침을 기다렸을 것이다. 추위와 매서운 바람을 흩뿌리는 겨울을 건너며 화사한 봄날로 진입하기를 기대했을 것이다. 그런 마음을 시적 화자는 "어디서나 끈질기게/ 그리움이 살아 있다"고 말하고 있다. 맞다. 우리는 그 그리움의 힘으로 내일이라는 문을 연다. 두렵고 불안해도 그 그리움의 힘으로 일어서며 내일로 나아간다. 그렇게 우리는 스스로의 삶을 빛나도록 해야 한다. 사진 속 키 큰 항아리들은 뒤쪽으로 배열하고, 키 작은 옹기들은 앞으로 배치되어 꽃들과 어우러져 앙증맞은 정경을 선보이고 있다. 하얀 꽃송이 붉은 꽃송이가 또 푸른 이파리들이 시심을 에워싸고 있는 듯하여, 더욱 정겹다. 여기에도 끈질기게 그리움이 달라붙어 칭얼대고 있다. 그리고 스쳐지난 어느 한순간도 의미 없이 사그라지지 않고, 소생하여 의미를 발산하고 있다. 그러자, 스스로의 삶이 빛나기 시작한다. 마치 철학적 사유를 하고 있는 듯하다.

잔물결 은반 위에 초가 마을
꽃 피우고 향수 끌어안은 들
풀길로 다리 놓고 수놓아
설렘 방울 딸랑딸랑 울린다.

-「소통의 길」 전문

시적 화자는 초가집과 무논이 있는 시골 정경을 바라보며 소통에 대해 생각하고 있다. 무논으로 한 채의 초가집과 한 그루의 나무와 뭉게구름이 들어앉는다. 나무의 정수리에 잔물결이 흥건하게 매달려 있다. 구름이 그 잔물결을 간지럽히는지 수면이 바람에 흔들린다. 무논이 평온한 한 폭의 수채화 같다. 소통이란 저런 것일까. 무논에 비쳐진 정경을 바라보며 소통을 생각하는 시적 화자의 시각이 멋지다. 문득 평화로운 무논에 마음을 기대어 낮잠을 자고 싶다. 오해도 잡음도 없는 저 무논의 넉넉함이 좋다. 살면서 구겨지고 접혀졌던 마음의 구김이 조금은 펴질 것만 같다. 사진 속에는 초가집들이 늘어서 있는 마을 앞 논바닥에 물이 들어와 물그림자를 안고 있고, 논두렁은 풀들을 등에 지고 마을로 향하고 있다. 전형적인 시골 정경이 향수를 자아내고 있다. 잔물결 은반 위에 놓인 듯한 초가들, 향수를 보드랍게 끌어안은 들녘, 풀길로 다리 놓고 수놓은 논두렁, 거기에 설렘 방울이 딸랑거리며 걸어오고 있다. 추억과 함께 손잡은 그 옛날 고향집이 그립다. 이웃을 오가며 소통하고 정을 나누었던 그 시절이 생생하게 다가온다.

인적도 아득한 산자락에
그리움에 싸인 가슴
봄바람 장단에 맞춰
나래 편 환희의 함성.
-「꽃언덕」 전문

이 작품에서 시적 화자는 철쭉이 흐드러지게 피어 있는 산을 바라보고 있다. 철쭉이 왁자하게 피어 있는 곳까지 오르려면 꽤나 많은 시간이 걸렸을 것이다. 산에 오르다 힘들면 보이는 것이 모두 의자로 보인다. 잠시 바람의자에 쉬었다 다시 오르면서 산꼭대기에 다다른다. 그곳에서 올라오느라 버거웠던 시간을 보상이라도 해주듯 어떤 큰 함성을 듣는다. 꽃들이 활짝 피어나는 진분홍 함성에 황홀하다. 사는 것도 이와 같다면 좋겠다. 무릎이 퍽퍽해도 오늘을 오르고 또 내일을 올라가야 하는 게 인생이다. 오르다 보면 언젠가는 저 환희의 함성처럼 연분홍 소리를 만날 날이 있으면 좋겠다. 산행하다 만난 이 찬란한 정경, 인적도 드문 산자락에서 문득 그리움에 싸인 가슴을 만난다. 그때 불어오는 봄바람, 그 장단에 맞춰 나래 편 환희의 함성, 찬란하고 장엄하다. 마치 그리움 끝자락에 서 있는 사랑의 환희처럼 여겨진다. 사랑의 황홀경에 이르러, 소리치는 환희의 함성 소리가 들리는 듯하다. 산자락이 온통 철쭉으로 가득한 이국 세상, 그곳에 환희 외에는 그 어떤 것도 범접하지 못하게 하고 싶다.

가파른 언덕
보릿고개 허기짐 꾹꾹 누르며
한 계단 한 계단
푸르른 숨결로 터전 일군다.

-「인생」 전문

시적 화자는 계단식 밭을 인생이라고 비유하고 있다. 바람이 누운 산비탈에 산이 쏟아낸 통증들로 계단을 이루고 있다. 통증이 계단처럼 제 몸을 포개도 푸르른 숨결로 터전을 일구는 게 인생이라고 시적 화자는 말하고 있다. 문득 가슴이 먹먹해진다. 그게 인생이라면 산다는 건 얼마나 고달프고 힘든 일인가. 맞다. 서럽고 고달파도 살아내야 하는 게 인생이다. 우리의 어미가 그리 살아왔고 우리의 아비도 푸르른 숨결로 터전 일구며 그리 살아왔다. 계단식 밭은 빗물에 의존해 살아야 한다. 구름 족속들과 한통속으로 웃고 울며 살아야 한다. 억겁의 몸짓이 쓰라려도 구름과 초록은 서로를 붙들어 주며 살아야 한다. 산다는 것은 저렇듯 서로를 붙들어주며 의지하며 살아가는 것이다. 허기와 밤과 절망을 꾹꾹 누르며 푸르른 숨결로 살아가는 것이다. 인생길이 다름 아닌 계단식 밭이다. 가파른 언덕에 위치해 있어, 늘 숨가쁘다. 비가 와야 작물을 키울 수 있다. 역경의 밭이다. 기껏해야 심어논 보리 수확을 할 수 있을지 걱정된다. 허기짐 꾹꾹 누르며 한 계단 한 계단 정성껏 일궈야 한다. 푸르른 숨결로 시련의 터전 일궈야 한다. 고달픔과 배고픔과 허기짐도 푸르른 숨결로 달래며 보릿고개를 넘겨야 한다. 고달픈 인생길을 담아내는 디카시의 매력을 만날 수 있어 행복하다.

길가의 저장고 덮고 누르며
암팡지게 앉아 있다
저 속에 그리움도 담겨 있겠지.

-「비밀한 얘기」 전문

이 디카시에서의 시적 화자는 집 밖, 길가에 뚜껑 덮고 앉아 있는 돌확과 커다란 고무통에 눈길을 주고 있다. 돌확과 고무통 위에는 뚜껑이 덮여 있다. 저 안에는 어떤 내밀한 이

야기가 숨어 있는 걸까. 저 돌확은 한때 한 가족의 밥상을 책임졌을 것이다. 드르륵 드르륵 돌확 가는 소리로 저녁을 부르고 계절을 불렀을 것이다. 이제는 집밖 길가에 나앉아 있지만 뚜껑을 열면 고추 가는 소리와 수저질하는 아이들의 웃음소리와 등 굽은 어머니의 한숨 소리가 나올 것만 같다. 빨간 고무통에는 겨울을 나기 위해 소금에 절인 배추를 담았던 그 시절이 아직도 있을 것만 같다. 소금에 절인 하룻길과 서러움에 절인 밤이 어둠을 견뎌내기 위해 서로를 끌어안으며 견뎌냈던 그 시절이 나올 것만 같다. 대가족의 개념이 사라지면서 돌확도 고무통도 이제는 집밖에 나앉아 있다. 시적 화자는 그렇게 사라져 가는 그리움을 얘기하고 싶었던 것일까. 저장고의 뚜껑만 열면 그 시절이 나올 것만 같은데, 뚜껑을 열지 못하도록 꾹 누르고 있는 것이 있다. 어쨌든 저 저장고는 각자 임무를 완수하기 위해 뚜껑을 덮은 채 길가 먼지까지 막아내고 있다. 암팡지게 앉아 야무진 문지기 노릇도 더불어 해내면서.

누가 작곡했을까
제자리에 앉아
절로 나온 목소리로
화음 맞춰 합창한다.

-「개울가 오케스트라」 전문

시적 화자는 개울가 여럿 모여 있는 철새들을 바라보며, 그들의 새소리에 흠뻑 취하고 있다. 이 디카시에는 따스한 체온이 감도는 '함께'가 들어 있다. 새들은 각자 따로 있지만 화음에 맞춰 합창하듯 어울림을 이루고 있다. 그런 점에서 '함께'는 타인의 다름을 인정하고 존중하는 것이다. 어떤 새는 개울물 위에서 고개를 숙이고 또 어떤 새는 돌멩이 위에서 고개를 들고 있다. 가족에게도 '함께'라는 따스한 체온이 스며 있다. 아이들은 학교에서, 아버지는 직장에서 어머니는 저녁을 준비하며 따로 따로 있지만 어울림을 이루고 있다. 시적 화자는 우리에게 "누가 작곡했을까"를 묻는다. 그리고는 "절로 나온 목소리로/ 화음 맞춰 합창한다"고 답을 준다. 맞다. 절로 나온 목소리다. 가족의 소중함을 알기에 아이는 아이대로 어머니는 어머니대로 아버지는 아버지대로 자신의 목소리로 화음 맞춰 합창하는 것이다. '함께'라는 놀라운 오케스트라인 것이다. 아름다운 자연을 발견하고, 그 자연 속으로 들어가 함께하며, 즐길 줄 아는 시적 화자. '함께'라는 화두를 에둘러 표현하는 시적 화자가 멋지다.

사진과 함께하는 5행 이하의 시를 디카시라 일컫는다. 우선 사진은 처음 보는 사진이면 더 좋다. 다시는 찍을 수 없는 찰나의 사진이면 더 좋다. 아무때나 가도 그 자리에 서 있는 정경보다는 그때 그 즉시 찍지 않으면 다시는 못 만날 사진, 좀 더 특이한 사진, 아름다운 사진, 희귀한 사진, 정겨운 사진, 이왕이면 대각선 구도가 나오는 사진, 초점이 잘 맞춰진 선명한 사진이면 더욱 좋다. 제목은 사진 속 소재를 가급적 피하는 게 좋다. 장미를 찍어 놓고 제목을 「장미」라 하지 말고, 강줄기를 찍어 놓고 제목을 「강」이라 하지 말아야 한다. 제목은 사진의 소재가 아닌 다른 상징적인 것일수록 좋다. 시는 단순히 사진 설명이어서는 안 된다. 이미지와 낯설게 하기, 즉 선명한 이미지 구현과 사물에 대한 새로운 해석이 드러나도록 써야 한다. 시가 단순히 서술로만 그치거나, 사진을 설명하는 식으로 그치면, 디카시의 맛이 없다. 디카시는 사진과 함께 즐기는 최고의 시적 표현, 인간의 언어들 중 가장 아름다운 표현이어야 한다. 자꾸 악한 쪽으로 흐르려 하는 인간의 감성을 선한 쪽으로 이끌려는 순수 시심일수록 좋은 디카시가 탄생한다.

유양업 시인의 디카시들은 위의 좋은 디카시 요건들을 고루 갖추고 있어 멋지다. 지나치지 않고 절제하는 듯 응축된 시적 표현도 감칠맛이 난다. 사진의 소재도 다양해서 감상하는 맛도 좋다. 일상뿐만 아니라, 여행 중 발견한 풍광들, 나아가 가족 사진까지 다채롭다. 디카시와 함께 생활하며, 시 창작을 해나가는 유양업 시인이 멋지다. 여생을 참 아름답게 꾸려가는 모습이 자랑스럽다.

부디 오래도록 건강을 유지하여, 제2, 제3디카시집도 펴내어 독자들의 사랑을 듬뿍 받게 되길 소망한다. 노후의 멋스런 삶을 위해, 차근 차근 시 쓰기의 길을 걸어가며, 작품집이라는 열매를 하나 하나 따서 챙겨 가기를 기도한다.

- 산천초목이 온통 초록으로 뜻을 모으는 계절에
한실문예창작 지도 교수 박덕은
(문학박사, 전 전남대 교수, 시인, 문학평론가,
소설가, 동화작가, 화가, 사진작가)

21세기 첨단과학문명의 총아 디카시Dica詩문학시대 '야나Yana' 유 레이디

김 우 영 (문학박사·문학평론가·한국문화해외교류협회 상임대표)

21세기 최첨단과학문명시대 첨병을 달리는 효자는 뭐니 뭐니해도 SNSSocial Network Service디지털 모바일Digital Mobile세상이다.

이에 따라 트위터, 페이스북, 라인, 미투데이, 밴드와 같은 소셜 네트워크 서비스를 한 손에 디지털Digital화시킨 것이 바로 모바일 스마트폰Smart phone이다.

이 가운데 최근 '디카시문학Dica詩文學전성시대'를 맞고 있는 가운데 본 협회 호남지회 공동대표 유양업 시인이 '디카시집'을 출간하며 '21세기 디지털 야나(Yana, 러시아 음대 성악과 체류시 교수명)유 레이디'로 부상하고 있다.

디카시Dica詩는 디지털 카메라Digital Camera디카와 시詩를 줄인 말이다. 따라서 디카시는 직접 촬영한 한 장의 사진에 5행 이내 직접 창작한 시적 문장구성을 말한다. 이에 따라 호남지회 '광주 야나 레이디 유 시인'이 최첨단 디카시문학 계열에 과감히 노크를 한 것이다.

본래는 일정 제품의 디지털 카메라를 지칭하기도 하지만 요즘은 스마트폰이 잘 생산되어 웬만한 전문 카메라 기능을 하고 있어 핸드폰으로 사진을 찍어 디카시를 쓰고 있다.

이에 따라 호남지회 광주 야나 레이디 유 시인이 스마트폰을 들고 가족이나 자연, 사물에서 시적 형상을 포착하여 사진 영상과 함께 시로 표현하여 모은 '디카시집'을 출간했다. 반가운 소식이다. 디카시는 실시간으로 소통하는 디지털시대의 새로운 문학 장르이다. 즉, 시를 영상과 함께 하나의 텍스트로 결합한 멀티미디어 '언어예술'이다.

디카시는 순간성, 현장성을 중요시하며 사진과 문장이 한 몸이 되어 완성된다. 디카시는 인물과 자연, 사물이 던지는 메시지를 시적 감흥으로 기록하는 재치가 필요하다.

디카시는 스마트폰으로 사진을 찍으며 즉흥적으로 인물과 자연이 소통하는 좋은 점이 있다. 이러한 착시에 성공한 문인이 바로 본 협회 호남지회 광주 유양업 시인이다.

그리면 야나 레이디 유 시인이 사진과 함께 쓴 디카시를 몇 편을 감상해보자.

해맑은 미소 서로 눈맞춰
가을 햇살 끌어안고
긴 허리 하늘 맞잡아
낭만 따라 나는 저 꽃향기.

-「향수」 전문

오늘의 주인공 디카시를 쓴 '야나 레이디 유 시인'은 그간 시집과 수필집 등을 여러 권 출간한 중견작가이다. 이에 따른 시작 창작 능력을 일찍이 검증받은 시의 언어연금술사 반열에 있다.

위 시 「향수」는 간결한 시어의 배열로 가을 향수를 자아내는 레토릭Rhetoric을 구사하고 있다. 디카시의 생명력인 순간성, 현장성을 하늘거리는 코스모스를 차용하여 명료하게 표현하고 있다.

다음은 「가을 무대」라는 디카시이다.

초록 미소 붉은 몸짓
하늘 강산 솜씨 펼쳐
조화 이룬 예술의 극치
무도회 한마당

-「가을 무대」 전문

낙엽으로 물드는 강가를 따라 고즈넉하게 익어가는 가을. 무도회 한마당으로 극적인 표현을 하고 있다. 찰나로 스치는 의미를 포착한 유 시인은 평소 시통詩通의 예민한 감성이 있다고 볼 수 있다. 디카시는 일반시처럼 상상하여 쓰는 게 아니라 자연, 사물이 던지는 이미지를 순간적으로 영감으로 쓰는 것이다.

수줍은 듯 붉은 미소 쌓인 추억
보고픔 젖어들어 흔들 흔들
아픈 물길 그리움 안고 일렁 일렁.

-「환상의 강변」 전문

「환상의 강변」 빠알간 단풍과 정자의 절묘함이 그야말로 '환상의 강변'을 연출하고 있다. 짧은 시어와 간결한 의미로 사진과 글의 묘합을 이루고 있다. 수작秀作이다. 사물의 시적 형상을 발견하고 '저건 바로 시인데?' 할 경우 그걸 디카로 찍어서 시로 쓰는 것이 바로 '디카시'이다.

이어 「봄 마중」이란 디카시이다.

설렘 싸인 눈빛
그리운 곡선 그리고
연둣빛 사랑
푸른 숲이 안아 준다.

-「봄 마중」 전문

냇가에 흐르는 물따라 오리 떼가 서성이고 주변 자연은 봄을 부르고 있다. '설렘 싸인 눈빛/ 그리운 곡선 그리고/ 연둣빛 사랑/ 푸른 숲이 안아 준다//는 시구에서 봄의 메타포Metaphor로 표출하고 있다.

환희의 설렘 가득 안고
온유함 건져 올려 사랑향 전파하며
지성의 빛에 젖어 일렁이다
소중한 아가페 사랑 하늘에 쌓는다.

-「하얀 꿈」 전문

「하얀 꿈」은 환희와 설렘을 하얀 옷을 입은 가족이 하얀 꿈을 꾸며 지성의 빛에 젖어 소중한 아가페 사랑으로 하늘에 닿는 느낌이다.

에메랄드빛 바닷가
밀려온 해풍향 만끽하며
싱그런 야자수 산책로 거닐다
로맨틱한 휴식 취한다

-「괌에서」 전문

「괌에서」는 짙은 녹취색 에메랄드빛 바닷가를 뒤로하고 싱그런 야자수 아래서 가족끼리 로멘틱한 휴식을 취하는 모습을 리얼리즘Realism이란 시 그릇에 담아내고 있다.

따스한 미소들
눈부신 날 불러내어
하늘의 노래가 은물결 화음 맞추자
기도는 불꽃으로 아우른다.

-「사랑의 하모니」 전문

「사랑의 하모니」라는 디카시는 편안하고 따스한 미소가 그야말로 행복하고 사랑스런 하모니를 자아낸다. 사진과 화평함이 잘 어울리는 시편이다.

이어 「세월은 흘러도」라는 작품이다. 세월의 유수함이 묻어난다.

그리운 가슴들 큰 꿈 하늘거리고
천상의 선율이 금빛 파도 일렁이자
순백의 기도 소리 알싸하게 익어 간다.

-「세월은 흘러도」 전문

세월은 누구한테나 공평하게 흐른다. 잡을 수도, 놓을 수도 없는 유수의 세월 앞에 순백의 기도로 나아가는 시인의 담대함이 시 전편을 압도한다.

저 하늘 본다
눈길이 꽃향기에 취한다
봄은 말없는데

가신 님은 언제 오시려나.

-「기다림」 전문

디카시 「기다림」에서 시인은 어느 날 바닷가에서 한적하게 봄날 꽃향기에 취하며 그리움에 쌓인다. 봄은 가는데 가신 님은 언제 오시려나 하는 이분법적인 논리의 문답시로 디카시의 현상적인 생명력을 불어넣는다.

끝으로 「설경」이란 작품이다. 살펴보자.

눈꽃송이 낭만 풀어 휘날리며
산모롱이 햇살 풀어 설렘 안고
침묵의 독백 환한 빛 밝혀
텅 빈 가슴 눈부신 환희로 감싸준다.

-「설경」 전문

눈꽃송이 낭만 풀어 휘날리는 산 산모롱이에서 햇살 풀어 설렘 안고 침묵의 독백 환한 빛 밝힌다. 텅 빈 가슴 눈부신 환희로 감싸는 보듬의 미학을 추구한다.

디카시는 사진과 시의 협연이다. 순간 포착의 강렬한 영상, 간결한 시적 언어로 순간예술과 영속예술로 성립시키는 것이다. 이를 성공적으로 승화한 분이 바로 호남지회 '광주 야나레이디 유양업 시인'이다.

지금은 우리나라 국민 5,155만 명이 스마트폰을 보유하고 있다. 전 국민이 사진을 찍는 시대가 되었다. 스마트폰으로 일반인, 문인 구분 없이 인증샷을 찍고 짧은 인문학적 메시지로 소통하며 삶을 윤택하고 있다.

디카시는 지난 2004년 이상옥 시인(한국디카시연구소 대표)이 인터넷 한국문학도서관 연재 코너에서 처음 '디카시'라는 문학 용어를 사용한 뒤 그해 9월 최초의 디카시집『고성가도固城街道』를 출간하며 세상에 알려졌다.

이 무렵 경남 고성固城지역 시인들과 고성문화원을 중심으로 디카시연구소를 발족한 데 이어 디카시 전문지인《계간 디카시》를 발행하면서 전국의 시인뿐만 아니라 문학인들에게 관심의 대상이 됐다.

한편 한국디카시인협회가 출범하며 더욱 활성화되면서 2008년부터 매년 '고성 국제 디카시페스티벌'을 개최하고 '디카시작품상' '오장환 디카시 신인문학상' 디카시 공모전을 제정해 디카시 확산에 나섰다.

이런 가운데 2016년 국립국어원의 '우리말샘'에 '디카시'가 정식 문학 용어로 등재돼 한국문단에 새로운 지평을 열면서 2018년 중·고등 국어 교과서에 수록까지 이어졌다.

더욱이 디지털시대의 최적화된 새로운 시 장르로 평가받으며 한국을 넘어 미국과 중국, 인도네시아, 인도 등 해외로도 확산되고 있다. 해외에서 시행하는 문화사업으로는 '중국대

학생 한글디카시공모전'이 3회째를 맞고 있다.

2019년 인도네시아 주재 한국문화원에서는 인도네시아대학의 한국어과 학생들을 대상으로 하는 한글디카시공모전을 한글날에 맞추어 시행하였다. 또 인도 자와할랄 네루대학교와 델리대학교 학생들, 그리고 인도인들과 한국 교포들을 대상으로 하는 한글 디카시 콘테스트를 인도 주재 한국문화원에서 개최하였다.

한때 한국의 드라마 <겨울연가>가 일본에서, <대장금>이 중동 각국에서, <사랑이 뭐길래>, <별에서 온 그대> 등이 중국에서 선풍적인 인기를 끌었다.

또한 K-Pop은 H.O.T를 필두로 S.E.S.·소녀시대·원더걸스·젝스키스·핑클·G.o.d.·신화·보아·동방신기·슈퍼주니어·빅뱅·카라·2NE1·레드벨벳·블랙핑크·싸이·방탄소년단 등 많이 있다. 이들이 전 세계에 알린 것은 한국이라는 나라, 한글이라는 문자, 그리고 한국의 문화였다.

방탄소년단 이후 한류 바람이 한 풀 꺾인 지금. 디카시는 한국과 한글, 한국의 문화와 함께 세계에 널리 알리는 일은 한국어 국어국문학자로서 반가운 일이며 환영을 한다. 한때 외국의 대학생들이 K-Pop에 매료되어 한글을 배웠는데 이제는 디카시를 쓰려고 한글을 익히고 있다고 한다.

지금 우리는 21세기 최첨단과학문명의 시대에 살고 있다. 햇살 가득한 디지털Digital스마트폰Smart phone세상. 짧은 디카시를 통한 언지지장言短志長으로 아름다운 지구촌시대 '디카시문학세상'을 만들자.